BLAZERS™
Bilingüe/Bilingual

CABALLOS DE FUERZA/
HORSEPOWER

AUTOS PARA DERBY
DE DEMOLICIÓN/
DEMOLITION DERBY
CARS

por/by Mandy R. Marx

Consultora de Lectura/Reading Consultant:
Barbara J. Fox
Especialista en Lectura/Reading Specialist
Universidad del Estado de Carolina del Norte/
North Carolina State University

Capstone
press®

Mankato, Minnesota

Blazers is published by Capstone Press,
151 Good Counsel Drive, P.O. Box 669, Mankato, Minnesota 56002.
www.capstonepress.com

Library of Congress Cataloging-in-Publication Data
Marx, Mandy R.
    [Demolition derby cars. Spanish & English]
    Autos para derby de demolición/por Mandy R. Marx = Demolition derby
cars/by Mandy R. Marx.
    p. cm.—(Blazers—caballos de fuerza = Blazers—horsepower)
    Includes index.
    ISBN-13: 978-0-7368-7320-8 (hardcover)
    ISBN-10: 0-7368-7320-1 (hardcover)
    1. Automobiles—Juvenile literature. 2. Demolition derbies—Juvenile literature.
I. Title: Demolition derby cars. II. Title. III. Series: Blazers—caballos de fuerza.
TL147.M3718 2007
629.222—dc22   2006008477

Summary: Discusses demolition derby cars, their main features, and how they
    compete—in both English and Spanish.

Editorial Credits
Jenny Marks, editor; Jason Knudson, set designer; Thomas
    Emery, book designer; Jo Miller, photo researcher; Scott
    Thoms, photo editor; settingPace LLC, production services;
    Strictly Spanish, translation services

Photo Credits
Corbis/Duomo, 28–29
DENT/Craig Melvin, cover, 5, 6–7, 8, 9, 12, 14, 15 (both), 16–17, 19, 20,
    21, 25, 26–27
Getty Images Inc./The Image Bank/Chuck Fishman, 11; Time Life
    Pictures/Henry Groskinsky, 23
OneBlueShoe, 24

The publisher does not endorse products whose logos may appear
on objects in images in this book.

Capstone Press thanks Todd Dubé, President of Demolition Events
National Tour (DENT), for his assistance in the preparation of
this book.

The author dedicates this book to her nephew Carter, a future
demolition derby driver.

Table of Contents

Tabla de Contenidos

A Smashing Good Time/ Diversión de Impacto

In the outdoor arena, an excited crowd counts down. "Three, two, one." Crash! The demolition derby begins.

En el estadio al aire libre, la entusiasmada multitud hace un conteo regresivo. "Tres, dos, uno". ¡Choque! Empieza el derby de demolición.

D·E·N·T

molition Events National Tour

www.DENTUSA.com

5

Brightly painted cars attack each other on the track. Hoods crumple and tires pop. One by one, cars break down. They are out of the competition.

Autos pintados con colores brillantes se atacan unos a otros en la pista. Los capós se deforman y las llantas explotan. Uno a uno, los autos dejan de funcionar. Ellos quedan fuera de la competencia.

The winner appears out of a cloud of smoke and steam. His car is the only one still moving.

El ganador sale de una nube de humo y vapor. Su auto es el único que aún funciona.

BLAZER FACT

Some demo cars need
help leaving the track.
Forklifts remove these
crushed cars.

DATO BLAZER

Algunos autos de demolición
necesitan ayuda para salir
de la pista. Se usan
montacargas para sacar los
autos destruidos.

Getting Derby-Ready / Preparándose para el Derby

Most derby drivers fix up cars built in the 1980s. Old police cars and taxicabs have especially strong frames.

La mayoría de los pilotos de derby arreglan autos hechos en los 1980. Los autos de policía y los taxis tienen armazones especialmente resistentes.

Demo cars must be ready for action. Crews take out all glass and any unneeded parts. They modify the engine for extra power.

Los autos de demolición deben estar listos para la acción. Los mecánicos les quitan todos los vidrios y las partes innecesarias. Modifican el motor para darle mayor potencia.

BLAZER FACT

Drivers install pipes in the hood to release exhaust. The pipes are called "headers" or "zoomies."

DATO BLAZER

Los pilotos instalan tubos en el capó para sacar el escape del motor. A estos tubos se les llama "cabezales" o "zoomies".

The final step is to blast the cars
with color. Crews paint bright designs
all over the cars. They also add numbers
and sponsor names.

El paso final es ponerles mucho color a
los autos. Los autos se pintan con diseños
vivos. Además se les añaden números y los
nombres de los patrocinadores.

Demo Derby Car Diagram/ Diagrama de un auto para derby de demolición

No glass/
Sin vidrio

DENT 1

Roll bar/Barra
antivolcaduras

No mirror/
Sin espejo

Zoomies

Bright paint/
Pintura de
colores vivos

Safety Features / Características de Seguridad

Injuries spoil the fun of a demo derby. A roll bar prevents the roof from caving in on a driver.

Si alguien se lastima, se termina la diversión del derby de demolición. Una barra antivolcaduras evita que el techo aplaste al piloto.

Fires break out at demo derbies. The last thing drivers want is a gas leak. They keep the gas tank in the back seat. The tank is safer there.

En los derbys de demolición ocurren incendios. Una fuga de gasolina es lo último que quiere un piloto. Los pilotos llevan el tanque de gasolina en el asiento trasero. Ese es el lugar más seguro para el tanque.

Gas tank/
Tanque de
gasolina

BLAZER FACT

Drivers cut holes in the hoods of their cars. Firefighters can put out fires without lifting the hood!

DATO BLAZER

Los pilotos hacen agujeros en el capó de sus autos. ¡Los bomberos pueden apagar los incendios sin abrir el capó!

Crash Course/ Datos sobre la demolición

Demolition derbies became popular in the United States in the 1950s. Crowds loved watching old cars smash into each other.

Los derbys de demolición ganaron popularidad en los Estados Unidos en los años 1950. Al público le encantaba observar choques entre autos viejos.

County fairs have held demo derbies for years. In 1997, Todd Dubé formed the Demolition Events National Tour (DENT) to promote the sport.

Las ferias de los condados han realizado derbys de demolición durante años. En 1997, Todd Dubé creó el Tour Nacional de Eventos de Demolición (DENT) para promover el deporte.

BLAZER FACT

Demo derbies are held for minivans, motorcycles, and even combines.

DATO BLAZER

Hay derbys de demolición para minivans, motocicletas y hasta trilladoras.

DENT sponsors the National Championship Demolition Derby Series. The winner receives a ring, a trophy, and $10,000.

DENT patrocina el Campeonato Nacional de Derby de Demolición. El ganador recibe un anillo, un trofeo y 10,000 dólares.

BLAZER FACT

DENT gives a Mad Dog award to the driver who makes the hardest hits.

DATO BLAZER

DENT entrega un premio *Mad Dog* al piloto que choque más fuerte con los demás autos.

MANGLED METAL! /
¡METAL RETORCIDO!

Glossary

arena—a large building used for sports or entertainment events

demolition—when something is destroyed

exhaust—the waste gases produced by the engine of a motor vehicle

frame—the main body of a car

modify—to change

roll bar—a steel pipe that is welded to a derby car to keep the roof from caving in

sponsor—a company or organization that gives a driver equipment or money to compete

Internet Sites

FactHound offers a safe, fun way to find Internet sites related to this book. All of the sites on FactHound have been researched by our staff.

Here's how:

1. Visit *www.facthound.com*
2. Choose your grade level.
3. Type in this book ID **0736873201** for age-appropriate sites. You may also browse subjects by clicking on letters, or by clicking on pictures and words.
4. Click on the **Fetch It** button.

FactHound will fetch the best sites for you!

GLOSARIO

el armazón—el cuerpo principal de un auto

la barra antivolcaduras—un tubo de acero que se suelda a un auto de derby para evitar que el techo se doble hacia adentro

la demolición—cuando se destruye algo

los escapes—los gases producidos por el motor de un vehículo

el estadio—un edificio grande que se utiliza para eventos deportivos o de espectáculos

modificar—cambiar

el patrocinador—una empresa u organización que le da al piloto equipo o dinero para que compita

SITIOS DE INTERNET

FactHound proporciona una manera divertida y segura de encontrar sitios de Internet relacionados con este libro. Nuestro personal ha investigado todos los sitios de FactHound. Es posible que los sitios no estén en español.

Se hace así:

1. Visita *www.facthound.com*
2. Elige tu grado escolar.
3. Introduce este código especial **0736873201** para ver sitios apropiados según tu edad, o usa una palabra relacionada con este libro para hacer una búsqueda general.
4. Haz clic en el botón **Fetch It.**

¡FactHound buscará los mejores sitios para ti!

INDEX

ÍNDICE